Aprendizaje basado en proyectos: la historia estadounidense

IDENTIFIQUEMOS PREJUICIOS, PROPAGANDA E INFORMACIÓN ERRÓNEA SOBRE

EL MOTÍN DEL TÉ DE BOSTON

JEREMY MORLOCK

TRADUCIDO POR ESTHER SARFATTI

PowerKiDS press

NEW YORK

Published in 2019 by The Rosen Publishing Group, Inc.
29 East 21st Street, New York, NY 10010

Translator: Esther Sarfatti
Editorial Director, Spanish: Nathalie Beullens-Maoui
Editor, Spanish: María Cristina Brusca
Editor, English: Therese Shea
Book Design: Rachel Rising

Photo Credits: Cover, Popperfoto/ Popperfoto/Getty Images; Cover, pp. 1,3, 4, 5, 6, 8, 9, 10, 12, 13, 14, 16, 17, 18, 20, 21, 22, 24, 25, 26, 30, 31, 32 (background) Lyubov_Nazarova/Shutterstock.com; p. 4 f11photo/Shutterstock.com; p. 5 Time Life Pictures/The LIFE Picture Collection/Getty Images; pp. 6, 9, 12, 14, 16, 20, 24, 30 (insert) kontur-vid/ Shutterstock.com; pp. 7, 10, 13 (background) Reinhold Leitner/Shutterstock.com; pp. 7, 8, 13, 15, 27, 29 Courtesy of the Library of Congress; p. 10 https://commons.wikimedia.org/wiki/File:BostonTeaPartyJoyceNotice.jpg; p. 11 https://commons.wikimedia.org/wiki/File:J_S_Copley_-_Paul_Revere.jpg; p. 13 Digital News Library of America; p. 17 Stock Montage/Archive Photos/Getty Images; p. 19 Diego Grandi/Shutterstock.com; p. 21 https://commons.wikimedia.org/wiki/File:Houghton_AC8_Sn612_825h_-_Liberty_Tree.jpg; p. 23 https://commons.wikimedia.org/wiki/File:ThomasHutchinsonByEdwardTruman.jpg; p. 25 GraphicaArtis/Archive Photos/Getty Images.

Cataloging-in-Publication Data

Names: Morlock, Jeremy.
Title: Identifiquemos prejuicios, propaganda e información errónea sobre el Motín del Té de Boston / Jeremy Morlock.
Description: New York : PowerKids Press, 2019. | Series: Aprendizaje basado en proyectos: la historia estadounidense | Includes glossary and index.
Identifiers: LCCN ISBN 9781538333846 (pbk.) | ISBN 9781538333839 (library bound) | ISBN 9781538333853 (6 pack)
Subjects: LCSH: Boston Tea Party, Boston, Mass., 1773—Juvenile literature.
Classification: LCC E215.7 M67 2019 | DDC 973.3'115—dc23

Manufactured in the United States of America

CPSIA Compliance Information: Batch #CS18PK For further information contact Rosen Publishing, New York, New York at 1-800-237-9932.

CONTENIDO

El Motín del Té de Boston 4
Tributación sin representación 8
La Ley del Té. 10
La hierba nociva 12
El punto de vista leal 14
Una guerra de palabras 16
Las comunidades coloniales entran en acción 18
Tensión en Boston 20
La reunión final. 22
La destrucción del té 24
Se difunde la noticia 26
La respuesta leal y británica 28
Consecuencias importantes 30
Glosario. 31
Índice 32
Sitios de Internet 32

EL MOTÍN DEL TÉ DE BOSTON

El 16 de diciembre de 1773, los **patriotas** americanos abordaron tres barcos en el puerto de Boston, Massachusetts. Agarraron 342 cajas de té que pertenecían a la Compañía de las Indias Orientales y las echaron al mar. Este evento, que más tarde se conocería como el Motín del Té de Boston, fue el punto de partida de la guerra de Independencia de Estados Unidos.

Puerto de Boston, Massachusetts.

En este grabado británico, hecho después de la guerra de Independencia de Estados Unidos, se ve a los colonos echando el té al mar. Los colonos tuvieron cuidado de destruir solamente el té y no las demás mercancías. ¿Qué mensaje querían comunicar con eso?

La importancia del Motín del Té de Boston iba más allá del simple hecho de la pérdida del té. Aunque el té en sí mismo era valioso, el hecho de destruirlo supuso un momento decisivo para la independencia estadounidense. Para los patriotas, el té representaba el trato injusto que Inglaterra daba a las colonias. Para el Gobierno británico y sus defensores, el Motín del Té fue la prueba de que había que llevar un control más estricto sobre las colonias.

Los colonos americanos y los líderes británicos tenían diferentes opiniones acerca del Motín del Té, el gobierno, los impuestos y la libertad. Sus ideas estaban **influidas** por hechos históricos, pero también por prejuicios, propaganda e información errónea.

El prejuicio es un comportamiento que hace que uno crea que algunas personas o ideas son mejores que otras. Normalmente resulta en una opinión o un trato injustos. El prejuicio puede influir en la forma en la que una persona comprende y comparte la información. La propaganda es cualquier idea que se **difunde** para ayudar a una causa. A menudo se trata de información falsa o **exagerada**. La información errónea es siempre falsa. A menudo se difunde a propósito para engañar a la gente. En este libro, aprenderás a reconocer el prejuicio, la propaganda y la información errónea en los textos y el arte de la época justo anterior a la guerra de Independencia de Estados Unidos.

Aprende a reconocer la propaganda

Fíjate en las palabras que eligió el autor de la tarjeta de la página 7. Dice que los comerciantes recibieron una comisión para "esclavizar" a la nación al vender el té de la Compañía de las Indias Orientales. Esta declaración exagerada es un ejemplo de propaganda. Su propósito es influir en el lector para que opine de cierta manera acerca de algo: en este caso, para que se sienta enojado con la Compañía Británica de las Indias Orientales y también con Inglaterra.

Esta tarjeta de 1773 estaba dirigida a los dos hombres que tenían la intención de vender el té de la Compañía de las Indias Orientales. ¿Puedes identificar el lenguaje que trata de influir en la opinión del lector acerca de estos hombres?

A CARD.

THE PUBLIC preſent their Compliments to Meſſieurs JAMES AND DRINKER.----We are informed that YOU have this Day received your Commiſſion to enſlave your native Country; and, as your frivolous Plea of having received no Advice, relative to the ſcandalous Part you were to act, in the TEA-SCHEME, can no longer ſerve your Purpoſe, nor divert our Attention, WE expect and deſire YOU will immediately inform the PUBLIC, by a Line or two to be left at the COFFEE HOUSE, Whether YOU will, or will not, renounce all Pretenſions to execute that Commiſſion?-----THAT WE MAY GOVERN OURSELVES ACCORDINGLY.

Philadelphia, December 2, 1773.

TRIBUTACIÓN SIN REPRESENTACIÓN

En la década de 1760, el **Parlamento** estableció nuevos impuestos para **recaudar** dinero en las colonias americanas. Muchos colonos opinaron que esto era injusto, ya que ellos no tenían representación en el Gobierno británico. Los ciudadanos de Inglaterra elegían a los

Esta obra del siglo XIX muestra a Patrick Henry pronunciando un discurso en contra de la Ley del Timbre. El artista, Peter Frederick Rothermel, era americano. ¿Cómo crees que trata de hacerte sentir acerca de Patrick Henry? ¿Por qué crees que Rothermel pudiera haber sido parcial en esta situación?

miembros del Parlamento, pero los colonos no tenían ese derecho.

El Parlamento pasó la Ley del Timbre en 1765. Esta ley subía el costo de todos los productos de papel, como los periódicos e incluso las barajas. Los gobiernos coloniales escribieron cartas de protesta formales al Parlamento en contra de esta ley. Las multitudes furiosas atacaron las casas y las oficinas de la gente que vendía los timbres. Finalmente, el Parlamento revocó, o canceló oficialmente, la Ley del Timbre.

El Parlamento aprobó las Leyes de Townshend en 1767. Estas leyes establecían nuevos impuestos llamados *aranceles,* al vidrio, plomo, papel, pintura y té **importados**. La respuesta de los colonos fue negarse a comprar estos artículos de Inglaterra. Más tarde, el Parlamento quitó la mayoría de estos impuestos, pero el del té se mantuvo.

¿Prejuicios coloniales o británicos?

Para la mayor parte de los miembros del Parlamento, obligar a los colonos a pagar impuestos tenía sentido. Consideraban a las colonias parte del Imperio británico. El dinero de los impuestos era necesario para pagar los gastos militares y del Gobierno que dirigía el Imperio. Sin embargo, los colonos se sentían excluidos del proceso de decisión porque no estaban representados en el Parlamento. ¿Qué tipo de cosas habrían causado prejuicios en los miembros del Parlamento o en los colonos? ¿Cómo podrían haber influido en sus decisiones?

LA LEY DEL TÉ

A mediados del siglo XVIII, la Compañía Británica de las Indias Orientales era un negocio en crisis. Para ayudar a esta empresa, el Parlamento aprobó la Ley del Té en 1773. Esta ley quitó algunos impuestos que la compañía le pagaba al Gobierno y permitió que vendiera el té solo a través de sus propios agentes, en lugar de venderlo a los comerciantes de té coloniales. Esto hizo daño al negocio de los comerciantes de té. También hizo que el té de la compañía fuera más barato, aun con el arancel sobre el té de las Leyes de Townshend. El arancel se mantuvo para demostrar que Inglaterra tenía el derecho de cobrar impuestos a sus colonias.

En respuesta a estos eventos, muchos colonos **boicotearon** el té de Inglaterra. Algunos compraban té de forma ilegal de otros países. Otros se negaron a tomar té por completo.

Aviso a los vendedores de té de la Compañía de las Indias Orientales.

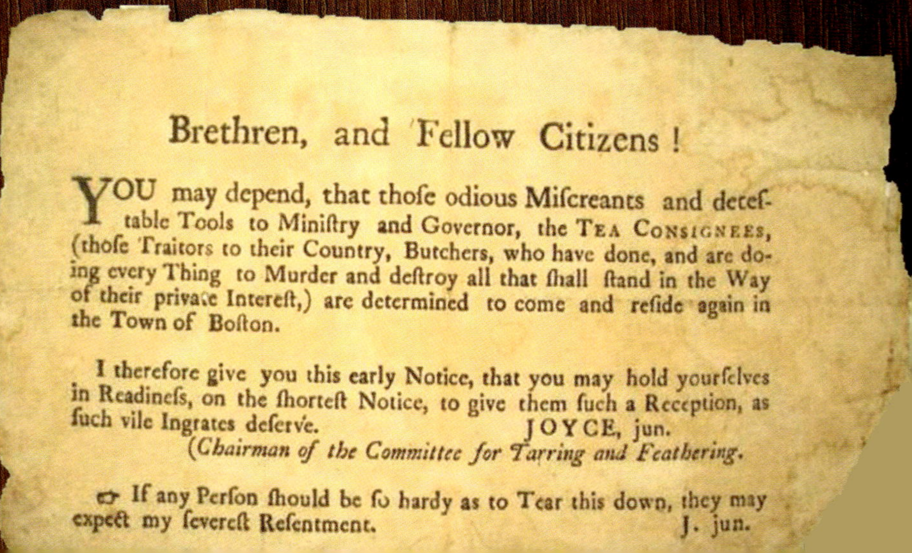
Brethren, and Fellow Citizens!

YOU may depend, that those odious Miscreants and detestable Tools to Ministry and Governor, the TEA CONSIGNEES, (those Traitors to their Country, Butchers, who have done, and are doing every Thing to Murder and destroy all that shall stand in the Way of their private Interest,) are determined to come and reside again in the Town of Boston.

I therefore give you this early Notice, that you may hold yourselves in Readiness, on the shortest Notice, to give them such a Reception, as such vile Ingrates deserve.
JOYCE, jun.
(*Chairman of the Committee for Tarring and Feathering.*

☞ If any Person should be so hardy as to Tear this down, they may expect my severest Resentment.
J. jun.

En esta pintura de 1768, el platero y patriota Paul Revere aparece con una tetera de plata en la mano. Como fabricante de teteras, ¿cómo le habría afectado un impuesto sobre el té? ¿Crees que habría influido en su opinión?

LA HIERBA NOCIVA

En el mejor de los casos, los patriotas vieron la Ley del Té como una trampa que bajaba el precio del té a la vez que mantenía el impuesto sobre los colonos. Los patriotas pensaban que comprar té era como admitir que Inglaterra tenía derecho a cobrarles impuestos.

En 1773, un escritor de Filadelfia que se hacía llamar Mucius escribió un **pasquín** titulado "A los hombres libres de América". Declaraba que: "Todos los americanos creen que el Parlamento no tiene derecho a cobrar impuestos en América". Les decía a los colonos que, si pagaban un impuesto sobre las importaciones, darían al Parlamento "el derecho de quitarte todo lo que poseas".

Cuidado con la elección de palabras

Mucius eligió sus palabras con cuidado y exageró en varias ocasiones. No todos los colonos americanos estaban de acuerdo con él; sin embargo, escribió como si lo estuvieran. También se refirió al té como a una mala hierba para que pareciera desagradable e indeseado. ¿Para qué servirían estas declaraciones y exageraciones? ¿Podrías decir que las declaraciones de Mucius eran propaganda o información errónea? ¿Por qué? ¿Cómo crees que pueden haber respondido los colonos a este pasquín?

Esta tetera dice “No a la Ley del Timbre” por un lado y “América, recuperemos la libertad” por el otro. Después de que se revocara la Ley del Timbre, se vendieron teteras como esta en las colonias. Eran una forma de propaganda.

Mucius llamó al té “una hierba **nociva**”. Dijo que los americanos debían negarse a comprarlo: “Esta es la medida que los americanos deben adoptar; es la única forma de salvar a tu país de la destrucción”.

EL PUNTO DE VISTA LEAL

A los americanos que apoyaban a Inglaterra se los llamaba *leales* o *tories*. Ellos no guardaron silencio durante la lucha por el impuesto sobre el té. Un leal de Nueva York, conocido como Poplicola, escribió en un pasquín que no había motivo para que los americanos se preocuparan, ya que nadie estaba obligado a comprar té. "Cada hombre tiene plena propiedad de su dinero, para darlo o negarlo como guste", declaró.

Poplicola también argumentó que el Parlamento tenía derecho de controlar el comercio, y que el impuesto era parte de ese proceso. "Su derecho sobre nosotros, por ser súbditos británicos, se extiende hasta donde requiera el bien común", escribió. Explicaba que Inglaterra y las colonias estaban conectadas como las partes de un árbol. "Si destruyes el tronco paterno, las ramas morirán con él", advertía Poplicola.

¿Propaganda de fuente primaria?

Cuando buscas pistas acerca del prejuicio o la propaganda, es importante mirar las fuentes primarias. Se trata de escritos, objetos, obras de arte y otras cosas creadas por la gente que vivió durante la época. Por ejemplo, debes leer las palabras que escribió Poplicola para conocer sus opiniones. Lo que otros dijeran de él puede haber sido influido por sus propios prejuicios o por el hecho de estar de acuerdo con él o no.

Este grabado británico de 1775 se burla de las mujeres de Carolina del Norte que organizaron un boicot al té. ¿A qué público estaría destinado este grabado? ¿En qué demuestra los prejuicios del artista?

UNA GUERRA DE PALABRAS

Los leales acusaban a los patriotas de engañar al público. Los patriotas decían que quienes no estaban de acuerdo con ellos eran traidores a las colonias. El leal Poplicola dijo que los americanos debían seguir las leyes del Parlamento para mantener la paz: "La libertad genuina solo se puede encontrar en una sociedad civil… sin leyes, una sociedad civil no puede seguir en pie".

En el periódico *New-York Gazetter*, un patriota que se hacía llamar "Un Viejo Profeta" dijo que la gente que ayudaba a importar el té debería "ser obligada a irse de todos los lugares de América acarreando las divisas del deshonor". Señaló expresamente al "engañoso, mentiroso,

Nombres notables

¿Por qué usaban seudónimos, en lugar de sus propios nombres, los escritores que tenían opiniones muy firmes acerca del asunto del té? Tal vez algunos tuvieran miedo de convertirse en blanco para la gente de opinión opuesta. Algunos elegían nombres con un significado especial. Mucius y Poplicola eran nombres de héroes de la antigua Roma. Otros autores que firmaban pasquines se llamaban "Estudiante de Derecho", "Comerciante" y "Mecánico". ¿Cómo pueden haber afectado estos nombres a la gente que leía sus escritos?

Samuel Adams fue un líder patriota de Boston. Él presionó a la Cámara de Representantes de Massachusetts para que se opusiera a los impuestos del Parlamento. Adams ayudó a crear uno de los primeros comités de correspondencia, el cual compartía noticias y organizaba eventos entre los patriotas.

infame Poplicola". Dijo que los que apoyaban la Ley del Té eran "ladrones de nuestra libertad, propiedad y paz".

¿Cambiarían tu opinión de la gente los nombres que unos escritores usaban para describir a otros? ¿Por qué son poderosas las etiquetas como "mentiroso" y "traidor"?

LAS COMUNIDADES COLONIALES ENTRAN EN ACCIÓN

En octubre de 1773, se reunieron ciudadanos de Filadelfia, Pensilvania, para aprobar una **resolución** en la que se consideraba la Ley del Té "un ataque violento a las libertades de América". Pedían a los vendedores de la Compañía de las Indias Orientales que **renunciaran** a su trabajo; y dijeron que cualquiera que se dedicara a "descargar, recibir o vender el té... es un enemigo de su país".

Los residentes de Plymouth, Massachusetts, aprobaron una resolución similar. Sin embargo, unos días después, otros 40 ciudadanos de Plymouth firmaron una carta advirtiendo que la resolución podría tener "consecuencias fatales". Dijeron que deseaban mantener "las bendiciones de la paz y el buen gobierno" y se declararon "leales" al rey. ¿Cómo servirían de propaganda estas resoluciones dentro de sus comunidades?

A veces los colonos hacían reuniones ciudadanas en las cuales los ciudadanos podían votar directamente sobre ciertos asuntos. En Boston, las reuniones acerca del impuesto del té eran demasiado grandes para el espacio habitual, así que se reunían en una iglesia llamada Antigua Casa de Reuniones del Sur.

TENSIÓN EN BOSTON

A principios de noviembre de 1773, los patriotas de Boston enviaron cartas a los vendedores de té exigiéndoles que rechazaran el té que esperaban y se reunieran con los patriotas bajo el Árbol de la Libertad. Los vendedores de té se negaron. Contestaron que enviar amenazas nocturnas era "malvado y despreciable, y huele a oscuridad y engaño".

El primer barco con té de la Compañía de las Indias Orientales llegó a Boston a finales de noviembre. Un grupo grande de colonos se reunió y votó mandarlo de vuelta. El gobernador de Massachusetts, Thomas Hutchinson, respondió que la reunión era ilegal. Se enviaron guardias patriotas a vigilar el barco y asegurarse de que el té no llegara a tierra.

Mensajes con significado

Los patriotas escribieron que los que ayudaran a descargar el té demostrarían su "sed de sangre", pero en realidad eran los patriotas los que hacían amenazas. ¿Por qué describían al otro bando como violento? ¿Crees que esto es información errónea o propaganda? ¿En qué cambiaría la forma de ver los mensajes el hecho de firmar los pasquines como "el Pueblo"?

El Árbol de la Libertad era un símbolo importante para los patriotas de Boston. Se reunían las multitudes bajo el olmo para oponerse a la Ley del Té y para hacer otras reuniones. Los soldados británicos cortaron el árbol en 1775.

Varios pasquines alrededor de Boston advertían que cualquiera que permitiera que el té se descargara "tenía una sed inhumana de sangre... será considerado y tratado como un desgraciado indigno de la vida". Los escritos estaban firmados por "el Pueblo".

LA REUNIÓN FINAL

Según la ley, había un plazo de 20 días para que los productos importados se descargaran y se pagaran los impuestos correspondientes. Ese plazo se estaba acabando para el primer barco, el *Dartmouth*. Dos barcos más, el *Beaver* y el *Eleanor*, llegaron a principios de diciembre y fueron vigilados por más patriotas. Los vendedores de té no querían ceder, y los barcos no se podían mandar de vuelta. El gobernador Hutchinson había dado la orden de que ningún barco se fuera sin su permiso.

El 16 de diciembre, miles de personas se reunieron en la Antigua Casa de Reuniones del Sur. Exigieron que Francis Rotch, el dueño del *Dartmouth*, pidiera permiso para enviar su barco de vuelta a Inglaterra. Rotch fue a ver al gobernador, pero este le negó su permiso de nuevo. Cuando Rotch volvió, el líder patriota, Samuel Adams, dijo a la multitud: "Esta reunión no puede hacer nada más para salvar al país".

El gobernador Hutchinson era leal a Inglaterra y la Compañía de las Indias Orientales había dado trabajo a sus hijos. ¿Cómo crees que este hecho influyó en sus decisiones? ¿Por qué podría ser parcial en este asunto?

LA DESTRUCCIÓN DEL TÉ

La reunión pública en la Antigua Casa de Reuniones del Sur terminó después de que las multitudes escucharan las noticias de Rotch. "¡Pero MIREN lo que siguió!", declaró el *Boston Gazette*, un periódico patriota. "Un número de hombres valientes y decididos resolvieron hacer todo lo posible para salvar a su país de la ruina que habían tramado sus enemigos. Vaciaron, en menos de cuatro horas, todas las caja de té que llevaban los tres barcos comandados por los capitanes Hall, Bruce y Coffin; un total de 342 cajas, ¡¡todas al mar!!, sin el más mínimo daño a los barcos ni a cualquier otra propiedad.

El disfraz

Algunas noticias sobre el Motín del Té de Boston se referían a los participantes como "indios" o "mohawks". De hecho, las personas que destruyeron el té eran colonos blancos y no nativos americanos. Se usaban imágenes de los mohawks como símbolos de la libertad en América, pero nadie sabe por qué. Tal vez los patriotas usaran trajes de nativos americanos para demostrar que se consideraban americanos y no ciudadanos británicos. También querían ocultar su identidad, ya que estaban destruyendo propiedad que no era suya.

El gobernador Hutchinson escribió sobre el Motín del Té de Boston: "Esta ha sido la acción más atrevida jamás llevada a cabo en América. Sus líderes no temieron las consecuencias. Involucrar al público en un acto desesperado ha sido su plan desde hace mucho tiempo".

Los capitanes y dueños están muy satisfechos de que sus barcos hayan sido vaciados así; y la gente se está felicitando casi universalmente por este feliz evento".

¿Cómo demuestra parcialidad este artículo del periódico? ¿Por qué razones se lo podría considerar propaganda?

SE DIFUNDE LA NOTICIA

Los patriotas de Nueva York, Filadelfia y Charleston (en Carolina del Sur) ya habían obligado a los vendedores de té de la Compañía de las Indias Orientales de sus ciudades a renunciar. Aplaudieron las noticias de Boston. Los ciudadanos de Filadelfia pasaron una resolución para "aprobar fuertemente el comportamiento y espíritu de la gente de Nueva York, Charles-Town y Boston, y devolver su cordial agradecimiento a la gente de Boston por su resolución de destruir el té en lugar de permitir que llegara a tierra".

En la ciudad de Lexington, Massachusetts, los patriotas se reunieron y "resolvieron no utilizar... té de ningún tipo, de importación holandesa o inglesa; y, para manifestar la sinceridad de su resolución, juntaron hasta la última onza existente en la ciudad, y lo quemaron en una hoguera común". ¿Qué mensaje comunicaron estos patriotas al quemar el té?

En esta caricatura política los líderes del Parlamento y de la Compañía de las Indias Orientales traman con un diablo que está detrás de ellos. Los patriotas, vestidos de nativos americanos, reclaman "libertad o muerte". ¿Por qué se podría considerar esta imagen propaganda? ¿Cuál es su mensaje al público?

The writer of the Papers (signed Poplicola) in favour of the Tea
The Chairman of the India Company
A Group of India Directors
The Patriotic Duke of Richmond

12 America represented by a Woman
13 The Sons of Liberty represented by the Natives of America, in their savage garb
14 The Goddess of Liberty, addressing herself to Fame and

16
17
18 A Group of
the Tea; In ho

LA RESPUESTA LEAL Y BRITÁNICA

Un leal de Nueva York escribió: "El crimen de los bostonianos fue una mezcla de los más groseros insultos e injurias. Fue un acto de la máxima **insolencia** hacia el Gobierno… fue la destrucción de propiedad de alto valor… debería castigarse de forma severa y veloz".

El rey Jorge III exigió que se tomaran medidas contra las colonias: "Debemos dominarlos o dejarlos totalmente a su suerte y tratarlos como extranjeros". La respuesta del Parlamento fue pasar las Leyes **Coactivas** (o Leyes Intolerables), castigando a Massachusetts. Cerraron el puerto de Boston y reemplazaron las elecciones locales con nombramientos reales. Estas acciones solo sirvieron para enfurecer más a los patriotas. Menos de dos años después, el 19 de abril de 1775, las batallas de Lexington y Concord marcaron el comienzo de la guerra de Independencia de Estados Unidos.

Este grabado británico representa las Leyes Coactivas al retratar a la gente de Boston en una jaula simbólica. La jaula está colgada del Árbol de la Libertad y está rodeada de barcos de guerra, cañones y soldados. ¿En qué se nota que esto es una propaganda contra los patriotas?

CONSECUENCIAS IMPORTANTES

John Adams reconoció el Motín del Té de Boston como un momento decisivo. Escribió: "Esta destrucción del té es tan audaz, tan atrevida, tan fuerte… tiene que tener consecuencias muy importantes". Ambos bandos reconocieron su importancia, razón por la cual se utilizó como propaganda. Los patriotas lo usaron para inspirar a otros a resistir el mandato británico. Los leales y las autoridades británicas lo llamaron *ilegalidad que debía castigarse*.

Sin embargo, los prejuicios, la propaganda y la información errónea no son solo problemas históricos. En 2017, Facebook reveló que unos 126 millones de usuarios fueron expuestos a entradas creadas por una empresa con base en Rusia. Muchas de ellas incluían información errónea y propaganda diseñadas para cambiar las opiniones de la gente de cara a las elecciones estadounidenses de 2016. ¿Eres capaz de reconocer información falsa o parcial en Internet?

Revisa bien los hechos

Las noticias que aparecen en las redes sociales pueden ser difíciles de confirmar; a veces sus fuentes son poco claras. Siempre es bueno comprobar lo que lees en un sitio de Internet confiable, como una página gubernamental o una fuente de noticias de confianza. Entrevista a tus amigos y familiares acerca de las "noticias falsas" que tal vez hayan leído. ¿Se las creyeron? ¿Cómo se dieron cuenta de que eran falsas? ¡Investiga para ver si puedes encontrar formas de evitar que te engañen en el futuro!

GLOSARIO

boicotear: negarse a comprar, utilizar o participar en algo para oponerse a él.

coactivo: que usa fuerza o amenazas para obligar a alguien a hacer algo.

difundir: extender algo, como una noticia.

exagerar: pensar en algo o describirlo como si fuera más grande, mejor o peor de lo que realmente es.

importado: que se lleva a otro país para ser vendido.

infame: malo y despreciable; que no tiene honra.

influir: afectar o cambiar algo de forma indirecta.

insolencia: hecho de ser ofensivo o insultante.

nocivo: dañino para los seres vivientes.

Parlamento: cámara o asamblea británica donde se hacen las leyes.

pasquín: papel con publicidad, propaganda u otro mensaje.

patriota: alguien que ama a un país. Durante la guerra de Independencia, los patriotas veían a América como su país.

recaudar: reunir o recibir dinero para algo.

renunciar: dejar un trabajo o una posición.

resolución: declaración formal que expresa los sentimientos, deseos o decisiones de un grupo.

ÍNDICE

A
Adams, John, 30
Adams, Samuel, 17, 22
Antigua Casa de Reuniones del Sur, 18, 22, 24
Árbol de la Libertad, 20, 21, 29

B
Beaver, 22
Boston, 4, 17, 18, 20, 21, 24, 25, 26, 28, 29, 30
Boston Gazette, 24

C
Carolina del Norte, 15
Carolina del Sur, 26
Charleston, 26
Compañía de las Indias Orientales, 4, 6, 7, 10, 18, 20, 22, 26
Concord, 28

D
Dartmouth, 22

E
Eleanor, 22

F
Filadelfia, 12, 18, 26

G
guerra de Independencia de EE. UU., 4, 5, 6, 28

H
Henry, Patrick, 8
Hutchinson, Thomas, 20, 22, 25

I
Imperio británico, 9
Inglaterra, 5, 6, 8, 9, 10, 12, 14, 22

J
Jorge III, rey de Inglaterra, 28

L
leales, 14, 16, 18, 28, 30
Lexington, 26, 28
Ley del Té, 10, 12, 17, 18
Ley del Timbre, 8, 9, 13, 21
Leyes Coactivas (Intolerables), 28, 29
Leyes de Townshend, 9, 10

M
Massachusetts, 4, 17, 18, 20, 26, 28
mohawks, 24
Mucius, 12, 13, 16

N
nativos americanos, 24, 26
New-York Gazetteer, 16
Nueva York, 14, 26, 28

P
Parlamento, 8, 9, 10, 12, 14, 16, 17, 26, 28
Pensilvania, 18
Plymouth, 18
Poplicola, 14, 16, 17
puerto de Boston, 4

R
Revere, Paul, 11
Rotch, Francis, 22, 24
Rothermel, Peter Frederick, 8

SITIOS DE INTERNET

Debido a la naturaleza cambiante de los enlaces de internet, PowerKids Press ha elaborado una lista de sitios de internet relacionados con el tema de este libro. Este sitio se actualiza de forma regular. Por favor, utiliza este enlace para acceder a la lista: http://www.powerkidslinks.com/pltam/ident